Generis

PUBLISHING

Comment devons-nous parler à notre Dieu

POURQUOI LES EPREUVES
DANS NOS VIES ?

Serge Stéphane S. NZEMBA

Copyright © 2020 Serge Stéphane S. NZEMBA
Copyright © 2020 Generis Publishing

All rights reserved. This book or any portion thereof may not be reproduced or used in any manner whatsoever without the written permission of the publisher except for the use of brief quotations in a book review.

CIP a Camerei Naționale a Cărții

Nzemba, Serge Stéphane S.

Pourquoi les epreuves dans nos vies? / Serge Stéphane S. Nzemba. – Chișinău : Generis Publishing, 2020 (Print on demand). – 44 p.

ISBN 978-9975-153-65-2.

27-29

N 99

Cover image: www.pixabay.com

Generis Publishing
Online orders: www.generis-publishing.com
Orders by email: info@generis-publishing.com

Table des matières

PREFACE

6

Dans cette vie, nous devons établir clairement le but du croyant c'est de gagner christ et d'être tout ce pourquoi Christ l'a sauvé et ce qu'il voudrait qu'il soit.

La question qu'on peut alors se poser est celle-ci : comment peut-on entendre la voix de Dieu et suivre ses voies ?

Vous trouverez la démarche pour avoir cette intimité dans cet ouvrage

Introduction

Le premier Ouvrage qui m'a été révélé par Dieu était : **Comment Savoir son Appel en Christ**.

Cet Ouvrage avait pour but de montrer à l'homme son rôle sur terre et de le pousser à rechercher par l'aide de l'Esprit-Saint son Chemin et son ministère.

Le deuxième Ouvrage, ouvre les portes de la maturité en nous, en expliquant les bonnes postures de prières, comment parler à Dieu, comment entendre et suivre la *voix de Dieu*.

Dans le projet premier et initial de Dieu, Créateur du ciel, de la terre et tout ce qu'ils renferment, c'est d'être en relation avec sa créature, l'homme. Dans le jardin d'Eden, Dieu venait rendre visite à Adam et Eve vers le soir pour parler et s'entretenir avec eux. **Genèse 3:8**.

Il s'agissant d'une relation d'amitié bien avant la désobéissance.

Dans le Nouveau Testament, Jésus revient sur cette réalité de Dieu et de son Fils qui veulent tous deux établir une relation de dialogue et d'amitié avec les chrétiens. **Jean 10:4 et Jean 15:15.**Il ne s'agit plus d'une relation d'esclave et de maître entre le chrétien et le Fils de Dieu Jésus mais une relation d'amitié. La place d'un ami dans le cœur d'une personne est plus grande, plus profonde et plus intime que la place d'un serviteur.

La relation d'amitié entre deux personnes implique que quand l'un parle, l'autre écoute. Il ne s'agit donc pas d'un monologue mais d'un dialogue.

Dieu, Jésus, le Saint-Esprit veut nous parler, dialoguer avec nous afin que nous expérimentons et vivions toutes les richesses spirituelles et toutes les bénédictions de notre Père céleste.

I - LES PRELIMINAIRES A CONNAITRE

Notre Dieu est un Dieu qui entend donc qui a des oreilles

Esaïe 59:1 Dans ce texte, la Bible nous dit que Dieu a des oreilles. Son oreille n'est pas dure pour entendre ou pour entendre ta prière, ta voix. Dieu donc par ses oreilles t'entend.

Nombres 12:1-2 Le chrétien doit savoir aussi que son Dieu n'est pas sourd. Ainsi quand Aaron et Myriam critiquaient Jésus, parlaient mal de Moïse, Dieu a entendu leurs voix, leurs propos. Donc lorsqu'un chrétien critique un autre chrétien ou son prochain, Dieu non seulement le voit mais l'entend.

1Samuel 1:10-11 et 19-20 Anne, la mère de Samuel face à sa souffrance d'enfanter a continué à prier. Et la Bible nous dit qu'elle persévérait dans la prière. Le chrétien doit savoir que face aux difficultés, Dieu n'est pas sourd pour l'entendre. Son Père céleste entend sa prière.

Notre Dieu est un Dieu qui parle

Le chrétien doit donc savoir que Dieu parle, il parle aux hommes et plus précisément à ses enfants. Et cela doit donner du courage et de la patience au chrétien pour l'écouter. Ainsi, quand le chrétien présente une requête à Dieu, il faut qu'il soit patient pour attendre afin d'écouter la voix de Dieu et non pas se lever rapidement.

Genèse 4:7-15 Dieu parle à Caïn, en lui révélant l'état de son cœur. Il l'avertit.

1Samuel 3:1-9 Dieu appelle Samuel et lui parle. Samuel est disposé et demande à Dieu de lui parler car son serviteur écoute.

Psaumes 32:8 Dieu veut des hommes qui l'écoutent.

Jean 10:7 Les brebis entendent la voix de leur maître, leur berger, Jésus le bon berger.

Ainsi si le chrétien ne connaît pas la voix de Dieu, Dieu lui parlera et il passera à côté sans savoir que c'est la voix de Dieu.

II- LES CONDITIONS A REMPLIR POUR ENTENDRE LA VOIX DE DIEU

Toute personne qui veut entendre la voix de Dieu aujourd'hui doit:

1- être né de nouveau **Jean 3:3,6**;

2- avoir un cœur pur **Psaumes 66:18**;

3- avoir la crainte de Dieu, c'est à dire demeurer dans une vie de sainteté et une vie d'obéissance **Psaumes 25:12**;

4- avoir des motivations justes, c'est dire présenter les sujets qui sont conformes à la volonté de Dieu **Jacques 4:3**;

5- avoir la Foi **Hébreux 11:6**

6- être humble et demeurer dans l'humilité **Psaumes 25:9**, **Jacques 4:6**.

Le chrétien devrait faire très attention dans l'écoute de la voix de Dieu. En effet, le diable peut le détourner de la voix de Dieu. Il a la force même par ses esprits de communiquer des fausses visions, des fausses révélations, des fausses songes ou faux rêves pour tromper, décourager et semer la peur dans les cœurs. **2Corinthiens 11:14**.

De façon pratique, le chrétien qui a rempli les conditions ci-dessus pourra lorsqu'il voudrait entendre la voix de Dieu aller dans la prière et:

a- **Confesser tous les péchés qui se trouvent dans sa vie ou le péché qui se trouve dans son cœur.**

Un chrétien ne peut pas être dans le péché et dire que Dieu lui a parlé par rapport à une demande précise de sa vie. En effet, le chrétien qui est dans le péché même s'il demande par exemple à Dieu de lui parler par rapport à sa profession, Dieu ne lui répondra pas. Dieu lui répondra uniquement par rapport à son péché en l'invitant à se repentir avant de lui parler et répondre à sa demande.

Lorsque Dieu parle au chrétien, il lui obéira. Et quand le chrétien demande pardon à Dieu pour un péché donné, il saisira par la foi et non pas par la raison le pardon de Dieu. Il aura donc la conviction que Dieu lui a pardonné sa faute. **Psaumes 66:18-19** et **1Jean 1:9**

b- Lier tous les esprits mauvais qui se trouvent dans le lieu où il prie

Le chrétien selon l'autorité que Jésus lui a donné dans **Luc 10:19** pourra, après avoir réclamé la protection du sang de Jésus sur lui, prendre autorité sur tous esprits de ténèbres et les anéantir au nom de Jésus.

Il priera afin que Dieu fasse taire en lui la chair, le sang et tout esprit afin que seul le Saint-Esprit lui parle. En effet, les esprits ou la chair ou le sang peuvent communiquer au chrétien ou lui inculquer de faux messages. Il sanctifiera le lieu où il prie et demandera à l'Esprit de Dieu de le sceller.

Le chrétien s'humiliera totalement devant Dieu et le laisser choisir la manière dont il lui parlera.

b- Demander maintenant ce qu'il veut à Dieu

Le chrétien posera dans sa prière une question, une seule question à Dieu et garder le silence pour l'écouter. Dieu peut parler au chrétien au moment où il prie, à la fin de sa prière ou après pendant la journée. Il le fait soit de façon audible, soit par des références bibliques, soit par des visions, des révélations, des signes.

Le chrétien qui va devant Dieu n'est jamais pressé, son cœur doit être calme et il gardera le silence. Qu'il évite trop de donner des directives à Dieu. Dieu lui parlera nécessairement. **Psaumes 37:7**

L'Esprit de Dieu peut dire ou révéler au chrétien comment Dieu lui parlera dans la journée.

d- Ne pas se presser quand on reçoit une réponse de Dieu pour le dire aux autres

Lorsque Dieu parle au chrétien, il ne se pressera pas. Il attendra, demeurera patient et Dieu l'éclairera. **Jérémie 33:3**

III- COMMENT DIEU NOUS PARLE-T-IL?

Le Dieu des chrétiens manifesté en Jésus-Christ nous parle à nous ses enfants aujourd'hui comme il l'a fait dans le passé avec ceux qui lui appartiennent. Notre Dieu est Dieu, il est l'unique. Il est grand et Tout-Puissant pour s'adresser à ses élus par son Omnipotence parce qu'il est la puissance au-dessus de toutes les puissances pour agir en notre faveur et être toujours victorieux, son Omniscience parce qu'il a la connaissance supérieure et qu'il sait toutes choses et son Omniprésence car il est présent partout en tout temps, en tout lieu dans le temps et dans l'espace.

Notre Dieu remplit tout l'univers et personne ne peut le limiter dans les catégorisations ou les schémas de la raison théorique.

Dieu parle comme il veut, quand il veut et à qui il veut.

a- Dieu parle ouvertement, de façon audible

Dans **1Samuel 3:1-9**, Dieu s'adresse de façon audible au jeune Samuel. Samuel était consacré à l'Éternel donc mis à part, donc saint. La Bible appelle les chrétiens les saints parce qu'eux aussi ont été rachetés par le sang de Jésus et justifiés par la foi en lui. Il se couchait cette nuit-là où Dieu l'avait parlé à côté de l'arche de l'Éternel qui symbolisait la présence de Dieu. Être dans la présence de Dieu par la prière, la méditation de la Parole de Dieu est un passage indispensable pour entendre la voix de Dieu.

Aujourd'hui plusieurs chrétiens vivent pendant des années sans entendre ou sans connaître la voix de Dieu, leur Père céleste. Or Dieu persévère afin que ses enfants à l'image de Samuel entendent sa voix. Dieu a insisté, persévéré jusqu'à trois fois car il voulait parler à Samuel.

La jeunesse dans la foi chrétienne n'empêche aucunement un chrétien t'entendre la voix de Dieu. Dieu parle dans ce texte « audiblement » au jeune Samuel contrairement à Élie une personne âgée dans la foi. Samuel entend la voix de Dieu comme un homme qui entend la voix d'une personne avec lequel il a une conversation dans le cadre d'un dialogue ou d'une conversation téléphonique.

Le chrétien peut donc entendre la voix de Dieu de façon audible, c'est-à-dire par ses oreilles comme il entend par le biais de ses oreilles la voix d'un(e) ami(e), d'un(e) parent(e). Notre Dieu parle et l'on l'entend, cela est donc possible aussi bien pour « les bébés spirituels », « les enfants spirituels », « les jeunes spirituels » que pour « les adultes spirituels ».

Dans **Nombres 12:7-8, Dieu parle aussi de façon audible à Aaron, à Myriam et à Moïse.** Dieu s'entretient avec Aaron et Myriam en leur reprochant de n'avoir pas craint de parler contre son serviteur. Moïse a entendu la voix de Dieu et a dialogué avec lui. Dans l'écoute de la voix de Dieu, il intercède en faveur de Myriam l'instigatrice qui l'avait critiqué avec Aaron en priant l'Éternel de la guérir.

b- Dieu parle à l'esprit de Jonas et lui parle aussi par les phénomènes naturels

Le prophète Jonas, dans **Jonas 1:1-16**, a entendu clairement la voix de Dieu qui lui demandait d'aller à Ninive. Mais le prophète a décidé volontairement, malgré qu'il sache la volonté de Dieu pour lui, d'aller à Tarsis. A travers les phénomènes naturels, le vent impétueux et la grande tempête Dieu parle à Jonas en désapprouvant sa décision de ne pas aller à Ninive. Par la suite s'en suivra une longue discussion entre Jonas et Dieu sur l'importance de l'amour de Dieu pour les pécheurs, les perdus et l'invitation à Jonas d'aimer son prochain.

c- Dieu parle de plusieurs manières

Dans le livre d'**Hébreux 1:1**, la Bible nous dit que depuis des temps passés, Dieu parle et il parle encore aujourd'hui. Il parle par **les prophètes** et il parle par son **Fils Jésus-Christ**. Le chrétien doit saisir cette vérité de la parole et ne pas se cantonner en des excuses et à se poser des questions sur la possibilité d'entendre encore de nos jours la voix de Dieu. Dieu n'est pas une statuette, une idole, une image mais une personne bien vivante. Il a crée l'Homme pour être en communion avec lui par le dialogue. De même il a fait de nous chrétiens en Jésus-Christ, ses enfants afin de pouvoir parler aussi avec nous, nous révéler sa voix et sa volonté et nous donner la vie et la vie en abondance.

Dieu veut comme un Père parler à ses enfants que nous sommes. Il n'est pas possible que dans une famille un père ne puisse pas parler avec ses enfants qu'il a mis au monde. C'est en servant Dieu à sa façon, non pas par notre propre intelligence, ni par nos propres moyens, et c'est en l'adorant en esprit et en vérité que nous parvenons à entendre sa voix et à le connaître. **Jean 4:23-24**

d- Autres passages ou références bibliques où nous voyons comment Dieu parle à ses enfants

Nombres 3:3-8: Dieu peut parler à une personne pour l'appeler à son service, pour un ministère précis.

Dieu parle de façon audible à Moïse pour qu'il mette la tribu de Lévi à part car il l'a choisi pour le ministère auprès de Aaron le Souverain sacrificateur. Dieu donne les détails relatifs à leur ministère à Moïse.

Joël 1: 1-14: Dieu parle au travers des situations désastreuses et graves, situations de détresse, de désolation, de guerre, de souffrance

Le peuple de Dieu ici est confronté à une situation inhabituelle qui fait suite à des temps de bénédiction. Il voit ses biens détruits, ses ennemis s'acharner sur lui et détruire tous ses biens. Mais aucune personne au sein du peuple n'a compris le message relatif à cette situation de détresse. Sauf, le prophète Joël qui comprit que le péché du peuple de Dieu en était la cause. Ainsi, il l'invite à maintes reprises à se réveiller spirituellement, à s'humilier devant Dieu par le jeûne et à crier à l'Éternel pour le pardon, la guérison et le rétablissement de tout ce qu'il a perdu.

Actes 10:10-20: Dieu parle au moyen des Visions

Dieu parle à Pierre au moyen d'une vision afin de l'inviter à reconsidérer sa position vis-à-vis des païens et de leur annoncer l'Évangile du salut. Une même vision qui revient trois fois au moment où il s'est écroulé pendant qu'il priait. Mais au début Pierre n'avait pas compris le sens de sa vision. Mais l'Esprit de Dieu le convainquit que la vision venait de Dieu et l'invita à partir avec les trois hommes que Corneille envoya le chercher.

Job 33:14: Dieu parle par des songes, par des visions nocturnes ou rêves

Job a expérimenté une réalité dans sa souffrance au travers des paroles d'Elihu son ami. Cette réalité est que Dieu parle à ses enfants tantôt d'une manière et tantôt d'une autre dans la veille ou dans le sommeil mais ce sont ses enfants au contraire qui n'y prennent point garde, qui n'y prêtent pas attention ou qui le négligent.

Dieu ici parle à ses enfants pour leur donner des avertissements, pour les détourner du mal, pour le préserver de l'orgueil, pour garantir leur âme de la fosse et sa vie des coups du glaive.

Matthieu 1:20: Dieu parle au moyen d'un songe

Dans une situation complexe où Joseph devrait prendre une décision dont dépendait son avenir et aussi la continuité de sa relation avec Marie où il avait surtout l'embarras de choix parce qu'il aimait sa fiancé. Au moment où il prend la décision de rompre avec elle, Dieu lui parle au moyen d'un songe pour l'amener à ne pas le faire.

Dieu parle à travers la Bible, la Parole de Dieu

A plus de 90% de fois, Dieu parle aux chrétiens par la Bible qui est la Parole de Dieu. La Parole de Dieu est non seulement écriture mais aussi esprit et vérité. Elle a été inspirée par le Saint-Esprit de Dieu pour exhorter, pour enseigner, pour convaincre, pour corriger, pour instruire dans la justice. Tout chrétien qui médite la Bible demandera toujours à Dieu de l'enseigner par son Esprit Saint. Dieu lui parle dans sa méditation biblique personnelle, lors d'une prédication, d'un enseignement, d'une étude biblique, d'un séminaire biblique…**2Timothée 3:16**

Toute parole qui contredit la Bible ne vient pas de Dieu.

f- Dieu parle au travers des chants

Dieu au travers d'un chant de louange ou d'adoration peut avertir, consoler, encourager, réconforter, exaucer une prière, répondre à une demande de son enfant.

g- Dieu parle par les anges

Dieu parle aussi par ses anges. Il n'utilisera pas un ange déchu pour nous parler. Dans **Luc 1:26-33**, il envoie l'ange Gabriel, son messager auprès de Marie pour lui annoncer son projet de salut pour toute l'humanité. Mais aujourd'hui Dieu nous parle non plus par un ange mais directement ou par son Fils et beaucoup plus par son Esprit Saint. **Jean 14:26; Jean 15:26; Jean 16:13-15 et Actes 13:2**

h- Dieu parle par les dons spirituels de l'Église

Dieu parle encore aujourd'hui à son peuple par le biais de ceux qui ont le don de la prophétie ou de la révélation, le don de la parole de connaissance, le don de la parole de sagesse, l'interprétation des langues. **1Corinthiens 12:8-11**

i- Dieu parle par des signes

Dieu s'adresse à ses enfants par des signes. Le chrétien a le droit de demander des signes à Dieu en se laissant conduire par le Saint-Esprit. Les signes sont demandés sous l'inspiration du Saint-Esprit. Mais il ne le fera pas par incrédulité. **Juges 6:36-40**

j- Dieu parle au travers d'une causerie ou par des circonstances

Dieu peut nous parler au cours d'une causerie par notre propre bouche ou par la bouche d'une autre personne qui le craint de façon inattendue. Dans l'un ou l'autre des cas, il est important que les personnes soient dans l'obéissance à Dieu. Sinon, les propos d'une personne qui n'obéit pas à Dieu sont facilement et rapidement influençables ou influencés par l'ennemi des chrétiens.

k- Dieu parle par une Conviction intérieure profonde

Lorsque Dieu parle par une conviction intérieure, il met une assurance profonde dans le cœur du chrétien par rapport à la demande ou à la situation. Il parle par la puissance du Saint-Esprit dans le cœur: c'est la voix intérieure. L'Esprit de Dieu étant dans la vie du chrétien, il lui parlera simplement. Face à la voix de Dieu, le chrétien a une paix intérieure dans son cœur. Il croit que Dieu lui a parlé et il est d'accord avec ce qu'il a reçu de Dieu. **Jean 16:8; Actes 8:29; Actes 20:22-23**

Il est important de noter que lorsqu'une personne dit que Dieu lui a parlé cela est vu comme un objet de scandale à cause de la position doctrinale de la communauté à laquelle elle appartient. Or Dieu aujourd'hui parle réellement aux chrétiens. Jésus-Christ est le même hier, aujourd'hui et éternellement. **Hébreux 13:8**

De plus, d'autres chrétiens disent Dieu m'a dit or Dieu ne leur a rien dit ou qu'ils ont été trompé par leurs propres désirs ou par leurs propres voix ou par la voix des esprits des ténèbres

IV- LES DIFFERENTES SORTES DE VOIX

Il existe différentes sortes de voix dans la vie chrétienne:
- la voix de Dieu
- la voix de Satan
- la voix du chrétien lui-même ou ta propre voix
- la voix des autres hommes

Le chrétien qui communie avec Dieu, qui dialogue avec lui et qui l'écoute doit être sûr de la voix de Dieu afin d'éviter la confusion, l'erreur, le trouble, la ruse du malin.

1- La voix de Dieu

La voix de Dieu est unique en son genre. Elle ne se confond pas avec les autres voix. Le chrétien qui a communion régulière avec son Père céleste arrive à connaître cette voix parmi plusieurs.

La voix de Dieu suscite et apporte la paix, la clarté, la douceur. Ce qu'elle nous dit est conforme dans son accomplissement à la réalité et à la vérité biblique. Dieu ne se trompe pas dans ce qu'il nous dit. Il est précis et il nous donne le temps de réfléchir voire de choisir.

La voix de Dieu ne nous pousse pas à la précipitation. La voix du Père céleste ne condamne pas le chrétien. Il ne détruit pas le chrétien mais il le guérit, le construit.

2- La voix du malin

La voix du malin est entourée d'habilité, de ruse, de séduction. Elle est celle de la haine, de la violence. Elle pousse à la précipitation dans les décisions en ôtant au chrétien l'occasion de réfléchir, de soumettre les situations à Dieu et de bien choisir. Elle suscite l'accusation, la culpabilité, la condamnation, la honte, la peur, l'angoisse, le désespoir. Elle n'aide pas à la guérison, à la restauration. Elle enfonce celui qui se noie dans l'eau de la mer et au lieu de l'aider à s'en sortir.

La voix du père du mensonge contraint les gens à faire quelque chose et sème le trouble, le doute, la confusion en eux. Elle n'apporte pas la paix, ni la tranquillité, ni le repos, ni le calme. Elle peut pousser une personne au péché, au suicide.

Le chrétien doit savoir que Jésus-Christ a été déjà accusé pour lui. **Christ a payé et effacé l'acte dont les ordonnances le condamnaient et qui subsistait contre lui et il l'a détruit en le clouant à la croix. Colossiens 2:14**
Les adversaires des ténèbres peuvent aussi utiliser la Parole de Dieu contre les chrétiens pour les séduire, les tromper, détruire leur communion avec Dieu. Dans la tentation de Jésus en **Matthieu 4:1-8**, le Diable a utilisé la Parole de Dieu contre le Fils de Dieu, c'est dire donc qu'il la connaît théoriquement.

3- Notre propre voix ou sa propre voix

La propre voix du chrétien est celle de sa nature personnelle. Elle change lorsque l'esprit du chrétien vit une unité profonde et sincère avec le Saint-Esprit. Le chrétien qui adore Dieu en esprit et en vérité voit sa voix naturelle transformée et inspirée par le Saint-Esprit. **Jean 4: 23-24**
La propre voix du chrétien sont ses désirs, ses émotions, ses propres Pensées. **Romains 12:1-2.** Elle suscite l'autosatisfaction nous pousse vers nos propres moyens, nos choix, nos directions. Elle est basée sur la logique humaine.

4- La voix des autres ou la société

La voix des autres est guidée par la volonté de la chair et du sang. Elle peut apporter un plus au chrétien lorsqu'elle est inspirée par le Saint-Esprit mais détruire sa vie et sa relation avec Dieu si elle est inspirée de la chair et de l'adversaire. D'où la nécessité de toujours pour le chrétien de chercher la face de Dieu en ne se limitant pas seulement à ce que les autres ont dit même s'ils sont des frères et sœurs en Christ. Les autres lui ont dit ci ou ça, lui ont conseillé ceci ou cela mais que dit Dieu dans la situation? **Matthieu 16: 17, 22-23, 1Rois 12: 1-18.**

V- QUE FAIRE POUR ENTENDRE LA VOIX DE DIEU

1- Écouter la voix de Dieu

Peu de chrétiens en priant se préoccupent peu d'entendre la voix de Dieu. Les chrétiens sont si pressés de se lever ou de quitter la présence de Dieu quand ils ont fini de prier. Or le temps d'Écoute fait partie de la prière de tout chrétien. Le chrétien en priant parle, parle, parle à Dieu, en oubliant que la prière est aussi un dialogue entre deux personnes, lui et Dieu; et au moment où il a fini de parler et c'est au tour de Dieu de lui parler et de lui répondre, il se lève subitement laissant Dieu le souffle coupé par les paroles qui voulaient sortir de sa bouche.

Dieu parle à l'homme spirituel et non pas à l'homme charnel. Il pourrait s'adresser à l'homme charnel en l'invitant à se repentir, à changer de vie et à marcher dans ses voies.

Il y'a donc un temps pour prier et un temps pour écouter son Père céleste

2- Vivre dans l'obéissance

La vie dans l'obéissance rapproche plus le chrétien de Dieu. Toute désobéissance détruit ou constitue un obstacle entre la relation entre le chrétien et Dieu. En effet, Dieu est Saint et il accomplit toute chose dans l'environnement de la sainteté.

Le péché éloigne le chrétien de Dieu, détruit sa vision spirituel et le soumet quelquefois à la voix des autres et à l'influence de la voix de l'adversaire.

3- Résister au diable

Le chrétien résistera au diable et à ses œuvres lorsqu'il veut entrer dans la présence de Dieu. Nous avions parlé de la nécessité pour le chrétien de purifier par le sang de Jésus et de sanctifier le lieu où il choisi de dialoguer avec son Père céleste.

Le chrétien qui veut écouter la voix de Dieu ne laissera pas la haine, la colère, la rancune ou le mécontentement contre son prochain dans son cœur sinon il ne pourra pas résister au diable. **Jacques 4:7**

4- Faire taire ses propres désirs

Le chrétien dans la prière nommera les désirs charnels qui l'animent et qui sont dans son cœur en demandant au Saint-Esprit de les renverser, les rendre captifs et de les faire taire. Cela l'aidera à ne pas se laisser influencer dans la recherche de la volonté de Dieu. Libéré de ses propres désirs charnels, il priera ensuite l'Éternel de lui parler.

5- Savoir attendre

Le chrétien qui va devant Dieu doit apprendre à attendre devant sa face. Moïse passait quelques minutes et quelquefois plusieurs heures ou plusieurs jours devant la face de Dieu afin que ce dernier lui réponde dans une situation bien précise.

La patience est une caractéristique de l'amour que tout chrétien devrait demander à Dieu de lui donner. Celui qui n'est pas patient risque d'attendre devant la face de Dieu afin que ce dernier lui réponde.

VI- LES OBSTACLES QUI NOUS EMPÊCHENT D'ENTENDRE LA VOIX DE DIEU

1- Le manque de temps

Il s'explique par le fait que peu de chrétiens dans leur vie de prière, dans leur communion avec Dieu ont peu de place et peu de temps pour leur Père céleste. Ils sont pressés de vite finir la prière. Ils ne sont pas disponibles pour Dieu, ni les œuvres ou le service de Dieu. **Éphésiens 2:10**

Or Dieu se révèle plus à ses enfants quand ils sont occupés à accomplir son œuvre, œuvre qu'il a préparé d'avance afin qu'ils les pratiquent. Ce n'est en conduisant le troupeau de Jéthro son beau-père que Moïse a accompli par la main de Dieu les dix plaies qui ont frappé l'Égypte voir qu'il a frappé la mer pour l'ouvrir en deux mais c'est seulement en ayant du temps pour Dieu et son œuvre.

2- Le manque de patience

Il sous-entend un manque de persévérance de la part du chrétien qui veut une réponse de la part de Dieu pour une situation bien précise. Il n'exclut pas aussi le manque de confiance de la part du chrétien qui recherche la volonté de Dieu dans sa vie. **Esaïe 30:15** Aussi, les esprits mauvais exploite chaque détail de la vie du chrétien pour fausser sa communication avec Dieu. L'impatience conduit le chrétien à tomber dans les pièges du malin. Tout chrétien devrait être patient dans son attitude et dans les circonstances. **2Corinthiens 6:4**

3- Le fait de s'attacher trop à ses pensées

Il est surprenant quelquefois de voir des chrétiens accorder une place importante à leurs pensées au détriment de la pensée de Dieu ou de celle du Saint-Esprit. Aussi peuvent-ils rétorquer, quand on leur dit de soumettre un sujet dont dépend leur avenir à Dieu pour connaître sa volonté, que Dieu leur a donné l'intelligence et la raison pour quoi? **Psaumes 94:19**

De même nous avons le cas de certains chrétiens qui, avant d'aller devant Dieu pour l'écouter, ont déjà au niveau de leurs pensées, de la pensée de leur cœur pris leur décision par rapport au problème qu'ils vivent. Alors ils n'ont plus de temps, ni ils ne sont plus ouvert à la voix de l'Esprit de Dieu. **Esaie 55:8-9**

4- Les soucis et les inquiétudes

Jésus disait en Matthieu: « **Qui de nous par ses inquiétudes peut ajouter une coudée à la durée de notre vie** » **Matthieu 6:27.**
En analysant ce verset nous répondrons personne. Nombre de chrétiens oublient que les soucis et les inquiétudes sont des murailles dans leurs oreilles spirituelles et des obstacles dans leurs esprits qui les empêchent d'entendre la voix de Dieu.

Les soucis et les inquiétudes figent le chrétien sur place et l'empêchent d'évoluer, de trouver la solution à sa situation difficile. En effet, dans les situations difficiles que le chrétien traverse, Dieu lui parle toujours mais il ne le constate pas, ni ne l'entend pas à cause des soucis et des inquiétudes.

5- Les diverses préoccupations

On pourra citer entre autres la profession exercée, le mari ou la femme, les enfants. Il est question ici du fait pour le chrétien de s'occuper plus de sa profession et de ces personnes en leur accordant la première place dans sa vie au détriment de sa communion avec Dieu. **Matthieu 6:33**

Or, tant que la communion d'une personne avec son Dieu est l'élément premier et essentiel de sa vie alors il en découle que Dieu bénit sa profession et les membres de sa famille; et, ce au travers de la prière du chrétien.

6- Nos traditions et notre culture

Le propre de toute tradition est qu'elle ne vient pas de Dieu mais qu'elle a été forgée avec le temps par des hommes au point qu'elle finit par occuper une place de choix de la vie de l'homme, dans la relation avec Dieu voir dans le culte rendu à Dieu. La tradition empêche toujours l'œuvre et le mouvement de l'Esprit de Dieu.

La culture ancestrale et rationnelle constitue beaucoup un frein pour l'écoute de la parole de Dieu. **Matthieu 15:3, Marc 7:13 et Osée 5:11**

7- La peur d'entendre la voix de Dieu

Certains chrétiens ne veulent pas entendre la voix de Dieu par crainte que la réponse de Dieu soit opposée à leur volonté dans le cadre d'une décision les concernant. Cela s'explique par une attitude de chrétiens qui en venant à Jésus n'ont pas renoncé à eux-mêmes pour laisser la volonté de Dieu s'accomplir dans chaque domaine de leur vie. **Matthieu 6:10**

8- La honte, le péché

Il s'agit d'une crainte née dans la vie du chrétien suite à une désobéissance à la voix ou à la volonté de Dieu. Tout péché brise la communion entre le chrétien et Dieu. Le péché conduit le chrétien à fuir la présence de Dieu et à s'enfermer dans un sentiment de peur, de honte, des sentiments qui ne viennent pas de Dieu. **Esaïe 59:1-2**

VII- ET SI DIEU NE NOUS PARLE PAS?

Toutes les conditions étant remplies Dieu a parlé, parle, parlera à son enfant, le chrétien. **Jean 1:12**

Et si le Père céleste ne le fait pas?

1- Le chrétien demandera à Dieu pourquoi, il ne lui répond pas

2- Dieu sûrement lui aurait déjà parlé sans qu'il ne s'en rende compte

3- Le chrétien ne s'est pas engagé totalement dans la prière: les soucis, les inquiétudes occupant la place, ses pensées sont ailleurs.

4- Dieu peut vouloir ne pas répondre car il aimerait que son enfant fasse lui-même le choix; il lui laisse la liberté de choisir en restant à ses côtés. Dieu dans ces cas respecte le choix du chrétien et fais confiance à ce choix.

Néanmoins, il est important que le chrétien n'abuse pas de ce choix.

La révélation générale de Dieu

Tout d'abord il faut se rappeler que Dieu veut être entendu et compris. Dans l'histoire de l'Humanité il a communiqué de différentes façons. Par la Création, elle est un reflet de sa grandeur et de sa puissance, par l'Histoire et en particulier l'histoire du peuple juif au travers des siècles et bien sûr il parle aux hommes par le moyen de leur conscience.

Ces éléments, que l'on appelle la révélation générale, sont disponibles pour tous les hommes mais ne sont pas suffisants pour connaître Dieu de façon personnelle. Il s'est donc révélé aussi de façon plus spécifique par les hommes qu'il a inspirés pour écrire les textes qui ont constitué au fil des siècles ce que nous appelons aujourd'hui la Bible. Finalement, la révélation la plus éclatante de toutes nous a été donnée par la personne de Jésus: il nous révèle le Père. Jean 14.8-9.

La révélation de Dieu en Jésus-Christ et par son Esprit Saint

Pour nous, aujourd'hui, si nous sommes enfants de Dieu par la nouvelle naissance, nous avons l'Esprit de Dieu qui habite en nous. C'est un élément essentiel pour entendre la voix de Dieu et il va utiliser tout ce que nous avons vu auparavant pour nous parler personnellement.

Dieu peut faire des miracles et parler de façon exceptionnelle par des interventions spectaculaires mais en général, et pour la plupart de ses enfants, nous entendons la voix de Dieu "par infusion". Je m'explique: lorsque nous lisons la Bible, lorsque nous prions, lorsque nous contemplons la Création, avec le désir de le connaître et de l'entendre, des convictions vont émerger progressivement en nous. Nous n'entendons pas une voix claire et audible qui nous dit: "fait ceci ou cela..." mais nous sommes doucement persuadés. (Être persuadé est d'ailleurs une des traductions possibles pour le mot "foi".) C'est pour cela que je parle d'infusion. Lorsque nous mettons un sachet de thé dans une tasse d'eau bouillante nous ne pouvons pas dire à quel moment cela devient du thé, progressivement la couleur change et lorsque finalement on sépare le sachet de l'eau, ce n'est plus uniquement de l'eau, elle a été infusée par le thé ou les plantes avec lesquelles elle a été en contact. C'est pareil pour nous: nous lisons la Bible, prenons le temps de méditer, de réfléchir en silence, de penser à ce que nous venons de lire avec le désir d'entendre Dieu et sa pensée infuse la nôtre. Ce n'est pas premièrement quelque chose d'émotionnel, même si nos émotions peuvent participer, c'est en fait le Saint-Esprit qui habite en nous et qui atteste de l'intérieur que les informations que nous avons lues ou entendues sont en accords avec la pensée de Dieu. Avec le temps et l'expérience notre oreille spirituelle devient de plus en plus affûtée pour reconnaitre cette petite voix qui nous persuade de l'intérieur. Jésus a d'ailleurs affirmé: "Mes brebis entendent ma voix et elles me connaissent". Je vous conseille la lecture (probablement la relecture) du chapitre **10 de l'évangile de Jean** qui aborde largement ce thème.

Qu'est-ce qui nous sépare de Dieu?

Dieu, L'Eternel est Saint!... ce qui nous sépare de Lui c'est le péché. Oui, je suis d'accord, c'est un mot qui n'est pas à la mode, et pourtant, combien j'ai dû constater le péché dans ma propre vie, dans mon attitude, dans mes actes, dans mes pensées.... et vous, honnêtement? Et si nous ouvrons les yeux nous réalisons que toute notre société est malade et affectée par le péché, et s'y enfonce chaque jour d'avantage. L'aveuglement est grand et beaucoup de gens se détournent et se moquent de Dieu.

Tous ont péché et sont privés de la gloire de Dieu. **Romains 3.23**
Car le salaire du péché c'est la mort. **Romains 6.23**

C'est la mauvaise nouvelle, et pourtant une terrible réalité. En plus, nous devons faire le dur constat, qu'il nous est impossible de nous libérer de l'esclavage du péché, qu'il nous est impossible de nous racheter, par des œuvres dites bonnes, ni de nous purifier.

C'est là qu'interviennent l'amour et la justice de Dieu!
C'est la bonne nouvelle!

Jésus est mort à notre place

Jésus, Emmanuel, Dieu avec nous! Il n'a point commis de péché, il est venu parmi les hommes, pour vivre avec nous et pour mourir pour nous, à notre place. Il a payé le prix fort pour nous racheter et nous purifier de tout péché. Christ est mort pour nous alors que nous étions encore des pécheurs. **Romains 5.8**

Jésus nous offre une vie nouvelle

Si quelqu'un est en Christ, il est une nouvelle création. **2 Corinthiens 5.17**
Jésus dit: Moi je suis venu, afin que les hommes aient la vie et qu'ils l'aient en abondance. Evangile de **Jean 10.10**
Par la foi et en actes, nous devons nous détourner de nos péchés et nous tourner vers Jésus. Reconnaître devant Lui nos fautes, nos manquements, nos mauvaises pensées, et Lui demander pardon. Il est venu pour nous les pécheurs! Il est prêt à pardonner

tous ceux qui viennent à lui.

Sa grâce et sa miséricorde sont infinies. Jésus, par son sacrifice, nous libère et nous donne de marcher avec lui en nouvelle vie.

Jésus dit: Je suis le chemin, la vérité, et la vie. Nul ne vient au Père que par moi. **Jean 14.6**

Si ce n'est pas déjà fait, allez à lui pour devenir son enfant. Aujourd'hui, demandez à Jésus, qu'il devienne votre Sauveur et Seigneur.

Mais à tous ceux qui l'ont reçue (La Parole, Jésus-Christ),à ceux qui croient en son nom, elle a donné le pouvoir de devenir enfants de Dieu **Jean 1.12**

LES VOIES DE DIEU POUR NOTRE APPEL

Dans l'histoire de Moïse inscrit dans Exode l'événement du buisson ardent est appelé à conduire le véritable croyant sur le comment sortir de l'esclavage du monde. Dieu explique à Moïse dans une longue discussion le pourquoi et le comment faire.

Dans l'appel de Dieu pour notre vie, il y a toutes sortes de questions que Dieu aimerait discuter avec nous. Dans la vie de Moïse se trouvent des pistes intéressantes pour nous venir aide sur des questions qui nous taraudent Esprit quotidiennement.

Dieu explique à Moïse, dans une longue discussion, le pourquoi et le comment de Ses commandements. On y découvre sept points clés et sept engagements de Dieu, qui peuvent nous éclairer au sujet de notre appel et comment respecter ses voies. Ils nous servent de repères pour l'avenir et « l'affermissement de notre appel »(2 Pierre1 :10).

1. Qu'est ce qui m'attire ?

« Moïse dit : Je veux faire un détour pour voir quelle est cette grande vision, et pourquoi le buisson ne se consume point. » **Exode 3:3**
Moïse est captivé par le buisson ardent et il s'en approche. Par cette démarche, il nous enseigne symboliquement la première étape dans le cheminement pour découvrir notre appel. Cela nous renvoie aux questions : Qu'est-ce qui attire mon regard dans la société? Qu'est-ce qui retient mon attention et ma curiosité en ce moment ?Y-a-t-il des sujets et des aspects de ma vie qui m'interpellent, de sorte que je m'implique encore plus volontiers dans un projet spécifique?
Il faut répondre à ses interrogations, car NZEMBA Serge Stéphane Salomon n'est qu'un instrument pour présenter par cette plume la démarche à suivre.

2. Suis-je totalement disponible pour Dieu ?

« L'Éternel vit qu'il se détournait pour voir; et Dieu l'appela du milieu du buisson, et dit : Moïse ! Moïse ! Et il répondit : Me voici ! » **Exode 3 :4**
Cette deuxième étape consiste à reconnaître que ce n'est pas le « buisson ardent » qui est déterminant, ni les choses qui me fascinent dans la vie, mais au contraire, qu'il s'agit d'entendre et d'écouter Dieu au travers ces choses. Il m'appelle et Il s'adresse à moi personnellement. Pour montrer notre disponibilité, nous pouvons dire symboliquement: « Me voici ! ».

Lorsque nous nous rendons disponibles pour Dieu, Il nous montre ce qui touche Son cœur par rapport aux humains **Exode 3 :7-10** et comment Il veut nous faire participer à Son œuvre libératrice. Ceci nous conduit à la prochaine question :

3. Qui suis-je ?

« Moïse dit à Dieu : Qui suis-je, pour aller vers Pharaon, et pour faire sortir d'Égypte les enfants d'Israël ? » **Exode 3 :11**

La prochaine question, que Dieu veut éclaircir avec nous et nous avec Lui est celle de notre identité. Mais qui suis-je pour faire ceci? Qui suis-je vraiment pour faire changer l'entreprise dans laquelle je travaille ? Qui suis-je pour faire des propositions dans mon environnement ? Il y a aussi la question de notre estime de soi. Le calme revient en nous lorsque nous pouvons entendre et laisser Dieu nous répondre de cette manière : « **Je serai avec toi.** » Lorsque nous acceptons cette affirmation sincèrement et de tout notre cœur, il n'y plus besoin de se comparer aux autres, de se sentir mal à l'aise ou, comme dans le cas de Moïse, de rester paralysé par nos échecs passés. Au contraire, nous expérimentons comment Dieu se tourne vers nous, pardonne nos échecs et regarde vers l'avant avec nous.

4. Comment est-ce que je parle de Dieu aux autres?

«Moïse dit à Dieu : J'irai donc vers les enfants d'Israël, et je leur dirai : Le Dieu de vos pères m'envoie vers vous. Mais, s'ils me demandent quel est son nom, que leur répondrai-je ?» **Exode 3:13**

Cette quatrième question au sujet de notre appel et les voies de Dieu aborde le thème de notre vocation. Moïse avait la mission de présenter à son peuple: Dieu en tant que L'Unique, Celui qui est «**Je suis celui qui suis**» d'une part, et d'autre part, ce qu'Il veut faire.

Ce point est aussi appelé à présenter particulièrement Dieu, et tout ce qu'Il fait, aux personnes qui nous entourent. Plus nous avançons dans notre appel, plus notre vocation ou mission de Dieu pour notre vie se précise.

Pour l'un, l'accent sera mis sur « Dieu, pour qui rien n'est impossible » ; pour un autre « Dieu qui se soucie des faibles » ; pour un troisième « Dieu qui a tout disposé magnifiquement »etc.

Mais revenons à l'histoire de Moïse : sa question suivante est déjà prête :«Et qu'est-ce que je fais, s'ils ne veulent pas me croire?»

5. Qu'est-ce que j'ai dans mes mains ?

«L'Éternel demanda à Moïse: Qu'y a-t-il dans ta main ? Il répondit : Un bâton. » **Exode 4 :2**

Nous abordons maintenant la question de nos talents, de nos ressources, de ce que nous possédons et de savoir si nous les rendons disponibles pour Dieu en les Lui soumettant.
Comme nous le montre la suite de l'histoire de Moïse **Exode 4 :3-9**, nous risquons d'arriver dans des situations menaçantes (le bâton, qui devient un serpent) ou qui révèlent nos faiblesses (la main, qui devient lépreuse).
Mais Dieu nous montrera toujours une issue **1Corinthiens10:13**. Ainsi, pour Moïse comme pour nous, plus rien ne ferait obstacle pour suivre son appel, pour autant que nous restions ouverts à la question suivante

6. Est-ce que je regarde à mes manques ou à Dieu ?

«Moïse dit à l'Éternel : Ah ! Seigneur, je ne suis pas un homme qui ait la parole facile, et ce n'est ni d'hier ni d'avant-hier, ni même depuis que tu parles à ton serviteur; car j'ai la bouche et la langue embarrassées.» Exode4 :10
Moïse fait maintenant référence à son manque d'aptitude à la communication. Quelles excuses trouvons-nous pour ne pas obéir à Dieu ? Au fur et à mesure que l'appel de Dieu se précise, nous devons confronter nos manques comme nos prétendus handicaps. Nous pouvons les accepter comme venant de la main de Dieu et surtout compter sur Sa puissance qui, dans notre faiblesse, va nous combler.
Exode4:11-12.
Mais Moïse n'est toujours pas convaincu et il aimerait retourner son appel à Dieu

7. Quel genre de personnes Dieu a-t-il mis sur   ma route ?

Moïse dit: Ah!Seigneur,envoie qui tu voudras envoyer. Alors la colère de l'Éternel s'enflamma contre Moïse, et il dit : N'y a t-il pas ton frère Aaron, le Lévite ? **Exode4:13-14**
Lorsque l'on suit les voies de Dieu pour nos vies, on se sent souvent seul. Mais Dieu ne nous envoie pas seul. Il a mis des gens autour de nous, qui suppléent à nos manquements ou pour qui nous pouvons être le suppléant.

Qui peut être ton compagnon spirituel ? Où te bats-tu encore tout seul ? Laisse Dieu te montrer comment et à travers qui il veut t'apporter son aide.

LA PUISSANCE DES PRINCIPES D'ECOUTE DE DIEU

De plus en plus, l'écoute de la voix de Dieu devient problématique non à cause de Dieu, mais bien plus à cause de nous. Des circonstances et des fondements conditionnent toujours les méthodes d'actions de Dieu. J'en cite 7 aspects :

1. Le salut Jean 10.3-4.
2. Le brisement Jean 12.24.
3. La réceptivité Apo 3.20 ; Jean 8.43 ; Math 17.5.
4. La foi Jean 10.3,27 ; Hébreux 11.6 ; 4.2 ; Romains 10.17.
5. La prévenance 1Sam 3.1-11 ; Exode 3.4.
6. Le discernement Jean 12.26-29 ; 1Rois 19.11-13.
7. L'obéissance.

LES RAISONS POUR LESQUELLES DIEU PARLE ?

Nous savons que la voix est la méthode de communication par excellence pour transmettre une pensée, des instructions, une orientation, etc. En fait, quand une idée est conçue, il y a des paroles qui se rangent dans notre esprit pour exprimer notre conception. Alors, notre intelligence met en place une sorte d'encodage qu'il transmettra au destinataire. Dès réception, le destinataire doit procéder au décodage pour saisir la pensée de l'expéditeur. Un mauvais décryptage des codes envoyés que sont les paroles peut être mal compris, alors, une mauvaise compréhension s'installera et l'objectif visé par la communication sera raté d'après mes petites connaissances eu dans le monde du travail au Gabon. Alors, pourquoi Dieu nous parle-t-il ?

1. Pour nous avertir d'un danger imminent **Actes 27.10**.
2. Pour nous donner l'image de notre destinée **Genèse 37.5-10**.
3. Pour révéler les secrets de notre ennemi **2Rois 6.15-17**.
4. Pour nous corriger **Job 5.17**.
5. Pour exécuter une mission pour Lui **Jonas 1.1-2**.
6. Pour intercéder pour les autres **Ezéchiel 22.30**.
7. Pour travailler pour Lui (Dieu) **Actes 26.16-18**.
8. Pour nous donner une pièce d'information **1Samuel 3.4-13**.

9. Pour montrer qu'Il nous aime **Genèse 18.17-23**.

10. Pour nous poser une question **Genèse 3.9**.

11. Pour exercer une punition **Daniel 4.3-32**.

12. Pour ordonner la prospérité **Deutéronome 28.1 3**.

13. Pour nous délivrer de nos problèmes **Actes 12.7**.

14. Pour nous enseigner certaines leçons **Exode 24.12**.

15. Pour créer des choses **Genèse 1.3-31**.

16. Pour nous révéler le passé **Moïse dans le livre de Genèse**.

17. Pour nous révéler le présent **Genèse 19.27-28**.

18. Pour nous révéler l'avenir Jean dans **l'Apocalypse 1.1-20**

19. Pour approuver certaines choses **Luc 9.35**.

20. Pour nous bénir **Genèse 32.26-30**.

21. Pour nous mettre en garde **2Samuel 12.7-11**.

22. Pour pouvoir à nos besoins **1Rois 17.2-4**.

23. Pour nous guérir **Jean 5.5-9**.

24. Pour faire alliance avec nous **Genèse 15.18**.

25. Pour nous oindre **Luc 4.18**.

26. Pour nous enlever de ténèbres vers la lumière **Actes 9.4-6**.

LES AVANTAGES DE L'ECOUTE DE LA VOIX DE DIEU

Nous sommes créés par Dieu et sans une communication franche avec Lui, notre vie serait hypothétique à tous égards. Notre Créateur connait bien le monde qui est l'œuvre de ses mains ainsi que chacun de nous, également son ouvrage. Dieu seul maîtrise à souhait le but de la création de l'univers ainsi que la raison fondamentale de notre existence.

« Car nous sommes son ouvrage, ayant été créés en Jésus-Christ pour de bonnes œuvres, que Dieu a préparées d'avance, afin que nous les pratiquions » **Ephésiens 2.10**.

S'il y a des choses prédisposées que nous devons accomplir, une communication avec Celui qui a prédisposé toute chose à savoir Dieu soit parfaite. Si tel n'est pas le cas, non seulement nous ne saisirons jamais la pensée de Dieu pour nous, mais nous serons très loin de notre destinée. Quelques avantages de l'écoute de Dieu :

1. La joie dans notre cœur.
2. La preuve de notre statut de privilégié/ être une personne particulière.
3. Satan nous craint.
4. Notre vie devient organisée.
5. Notre prospérité est garantie.
6. Nous n'avancerons pas avec des gens improductifs ou médiocres.
7. Cela fait que nous ayons la paix de l'esprit.
8. Le respect des autres.
9. Nous recevrons le plan de notre vie.
10. Nous connaîtrons les secrets, les voies de Dieu, et de l'homme.
11. Nous deviendrons spirituellement imposants.

COMMENT DIEU PARLE-T-IL ?

Reconnaitre que Dieu parle est une évidence, mais savoir comment Il parle est important. Dieu n'étant pas limité dans l'espace et dans le temps comme nous les humains, permettra un rapprochement pour nous réajuster à Dieu, à ses principes et ses méthodes de communication. Alors, nous serons à la pointe de toute mise à jour de Dieu pour nous par rapport à ses desseins pour chacun de nous

Face à face dans une communisation d'émetteur au receveur :

Dans cet aspect, Dieu nous parle directement et nous Lui répondons immédiatement dans une conversation ouverte. Il a parlé à Adam et Eve et ils ont répondu **Genèse 3.8-19.** Dans une conversation avec Abraham, Dieu parle et Abraham répond **Genèse 18.17,23-33.** Moïse et Dieu avaient une discussion **Exode 3.4-22 ; 31.18.**

La Parole Ecrite ou Bible :

« Toute Ecriture est inspirée de Dieu, et utile pour enseigner, pour convaincre, pour corriger, pour instruire dans la justice »**2Timothée 3.16.** La Bible est la parole et la voix de Dieu. Comme nous l'avons lue, le Seigneur nous parle.

Références aux passages :

Quand quelqu'un ou le Saint-Esprit nous renvoie aux passages de la Bible. Jésus s'est inspiré de certains passages de la Bible pour résister à Satan à **Luc 4.4,12.**

Messages et Enseignements oints :

Les sermons d'un ministre oint et les enseignements d'un enseignant oint transmettent la pensée de Dieu **1Cor 1.17-18 ; Actes 26.28.**

Conseils oints :

Lorsqu'un conseiller oint nous conseille, il n'est qu'un canal ou instrument à travers lequel, Dieu nous parle. L'exemple de Jethro par qui Dieu est passé pour conseiller Moïse est illustratif à plus d'un titre **Exode 18.14-23.**

Les versets nerveux de la Bible :

Quand un texte biblique particulier attire fortement notre esprit et nous conduit à la méditer, il y a lieu de saisir là un moyen par lequel Dieu veut nous parler directement **Actes 8.26-39.**

Marcher avec des hommes ou femmes saints :

Dans ce processus interactif ou relationnel, la manière de faire, de parler, d'agir, de prier, méditer ou réagir de ces hommes de Dieu nous parle et nous interpelle. Ce mode de communication relationnelle prescrite ou voulue de Dieu est très efficace pour un équipement adéquat de ministre de Dieu. Dans cette méthode, il n'y a pas que le message qui nous est transmis à partir des actes de ces hommes et femmes de Dieu dont la façon de faire nous inspire, mais leur compagnie façonne ne nous un caractère, comportement nouveau, propice à un environnement saint et agréable à Dieu.

Le style de vie d'un homme saint exprime la voix et indique la voie de Dieu :

La vie d'Abraham a fait prospérer Lot ; la vie de Moïse a fait prospérer Josué ; la vie d'Elie a fait prospérer Elisée ; la vie de Paul a fait prospérer Timothée.

LES ELEMENTS DE LA NATURE QUI ONT RECONNU LA VOIX DE DIEU

A travers la Bible, plusieurs éléments de la nature ont reconnu la voix de Dieu et s'y sont soumis. Ceci interpelle les hommes à se remettre en cause et obéir à Dieu dans tout ce qu'il dit et fait.

1. La terre **Nombres 16.27-32**.
2. Les animaux (exemple : le serpent) **Genèse 3.14**, l'ours **2Rois 2.24.**
3. Les arbres **Marc 11.20-22**.
4. Le mort **Jean 11.43-44**.
5. Les démons **Mat 8.28-32**.
6. La lumière **Genèse 1.3**.
7. L'eau **2Rois 2.21-22**.
8. Les vents **Mat 8.23-27**.
9. Les montagnes **Mat 21.21**.
10. Les maladies et les nausées **Marc 1/40-42**.
11. L'infirmité **Luc 13.11-13**.
12. Les rivières, les collines, les vallées et les forêts **Ezéchiel 6.1-3**.
13. La nourriture **Marc 6.38 -43**.
14. La marmite et la bouteille d'huile **1Rois 17.14-16**.

NE PAS ETRE IMPATIENT LORSQU'ON RECHERCHE DES CONSEILS PROPHETIQUES

Parfois nous attendons désespérément une parole de Dieu, comme s'il y avait une date de péremption, un besoin d'être spirituellement rassasiés tout de suite. Ne soyons pas impatients : Dieu agit selon son propre agenda souverain, non selon le nôtre. Etre des disciples matures c'est aussi savoir attendre patiemment la réponse de Dieu. Cela demande juste de s'aligner sur le temps de Dieu. Parfois, Il appuie délibérément sur le bouton « silence ». Il nous est demandé de continuer à méditer.

LES BONNES POSTURES DE PRIERE

Pour adresser des prières et des supplications à notre père céleste il convient de se prosterner en signe de soumissions.

Dieu veut nous apprendre une chose, une posture d'humilité durant l'intercession favorise la compassion du Seigneur pour notre état.

Le Livre 1 Rois 21 :v27-29 parle d'Achab, il Y'a des personnes qui prient assises les jambes croisées ou bien en grignotant, Dieu nous demande, si nous connaissons véritablement le Dieu Tout Puissant qui exauce les prières qui lui sont adressées avec politesse.

Prière le Seigneur c'est adresser des supplications,implorer sa grâce,s'humilier et se prosterner devant sa grandeur pour faire une demande comme la mère des fils de zébédée **Mathieu 20v20** comme Isaac pour guérir sa femme Rebecca **Genèse 25v21**

Osée 4v6 déclare : Mon peuple est détruit, parce qu'il lui manque la connaissance…

Pour être en accord avec Dieu voici les postures pour la prière :

1- *Les Mains levées*

Exode 9V29 ; Exode 17V11 ; Psaumes 28V2 ; Psaumes 141V2 ; Lamentations 3V41 ; 1Timothee 2V8

2- *Face Contre Terre*

Nombres 16V45 ; Nombres 20 V6 ; Josué 7V6 ; Juges 13 V 20 ; Luc 17V16

3- *A Genoux*

2 Chroniques 6V13 ; Esdras 9V5 ; Marc 1V40 ; Actes 9V40 ; Actes 20V36 ;Ephesiens 3V14

Dieu nous invite à ce jour, d'après l'enseignement qu'il a fait à son fils NZEMBA Serge Stéphane Salomon à adopter la bonne posture pendant notre prière, car c'est utile pour obtenir le secours du Dieu Vivant.

Alors aujourd'hui, La voix que nous écoutons plus est celle de la société (du monde) la voix du raisonnement humain qui à prime abord veut nous faire miroiter une solution qui semble adéquate à première vue mzis cependant une solution sans Dieu va tôt ou tard provoquer déchirement et confusion dans notre cœur. (Foi = action basée sur une parole de Dieu / présomption = action basée sur notre raisonnement humain sans l'approbation divine)

Dans l'histoire d'Abram nous avons vu qu'après toutes ces maladresses, Abram avait bien besoin d'être rassurer. La bonne nouvelle c'est que Dieu veut le rassurer et nous rassurer malgré nos maladresses, notre marche chrétienne parfois boiteuse, le Seigneur désire nous rassurer.

Lorsqu'un enfant se fait mal, il court rapidement dans les bras de ses parents, lorsque nous trébuchons courons-nous dans le bras de notre Père Céleste ou cherchons-nous à nous cacher comme Adam et Ève dans le jardin d'Eden ? Dieu veut nous rassurer, malgré nos maladresses, il tient à nous relever et accomplir ses promesses dans notre vie.

Lorsqu'Abram fut âgé de 99 ans,le temps de Dieu transforme la stérilité humaine en opportunité divine.

Aujourd'hui, par la puissance de la parole du SAINT-ESPRIT mis dans la bouche de son oint Salomon Serge Stéphane NZE MBA je déclare la fin de la stérilité dans vos prières et active l'opportunité divine en ce moment d'écoute de la voix et respect des voies de DIEU.

Conclusion de cet ouvrage

Il y a donc une différence entre être en présence de Dieu et le fait de recevoir la puissance de Dieu dans la vie d'une personne. L'onction de l'esprit provient de la présence de Dieu c'est-à-dire que le fruit de la présence de Dieu est l'onction. La présence de Dieu rend compte de la gloire de Dieu. La présence de Dieu a pour but de manifester toute la plénitude de Dieu et toute la gloire qui Lui revient. La présence de Dieu nous permet également de Le connaitre dans toute sa plénitude comme Sa bonté, Sa fidélité ou Son cœur. La présence de Dieu nous révèle donc tout sur Dieu. Quand nous parlons de présence de Dieu, on parle de Dieu en tant que « Personne », c'est-à-dire que le Dieu Vivant se présente à nous directement. Quand nous lisons la Parole de Dieu et quand nous regardons qui Il est vraiment, alors on se rappelle de Sa présence. La Parole de Dieu nous révèle donc Dieu dans toute sa plénitude, elle nous présente Dieu, elle nous révèle Sa volonté, elle nous révèle Sa bonté, elle nous révèle Sa gloire, elle nous révèle Sa fidélité et tout ce que Dieu peut faire et accomplir. Si nous parlons de voir la gloire de Dieu en Jésus alors nous voyons Dieu qui se présente en tant que « Personne ». C'est pourquoi Jésus dit que Lui et le Père ne font qu'Un. Quand nous regardons donc dans la Parole de Dieu tout ce qui concerne Jésus, alors nous voyons la gloire de Dieu en Lui.

Prend un Engagement avec Ton Père !

Ton

Nom...

Rencontre avec Christ.................................

Ton Alliance avec Ton Dieu................................

....

....

....

....

....

....

....

....

....

....

....

....

....

....

....

....

....

....

....

....

....

....

....

....

....

....

....

....

....

....

....
....
....
....41.................................
....
....
....
....
....
....
....
....

AMEN !!!!!!!

Important pour toi !

Si tu n'as pas encore reçu Jésus-Christ comme ton
Seigneur et sauveur, je t'invite à le faire à le recevoir, pour te
Venir en aide, voici ci-dessous une orientation à suivre et
Faire le plus important pour sauver notre âme.
1ère Étape : Admets que tu es un pécheur par habitudes
et que par effort physique tu ne peux pas t'en sortir tu n'as
aucun espoir d'être sauvé sans lui.
Dis au Seigneur que tu as péché contre lui en pensées,
en paroles et en actes.
Tu dois le faire en posture de prière mais également
dans un état sincère avec tout ton cœur confesse-lui tes
péchés.
N'oublie aucun péché dont tu te souviennes. Tu dois
maintenant te détourner de ton ancienne marche, tes
actions et pensées néfastes et laisser Christ vivre en toi par
des nouvelles ouvertures.
2ème Étape : tu dois maintenant croire que Jésus-Christ
qui est fils de Dieu est l'unique chemin ; le vrai chemin **Jean
14 : 6** nous le démontre.

Tu dois te donner à celui qui s'est donné en rançon

Pour tous **1 Timothée 2 : 5-6** pour que ta vie nouvelle soit
Mieux utilisée par toi.
3ème Étape : condition ultime renonce à ton ancienne
vie pour le suivre.
4ème Étape : tu dois pour finir inviter Jésus Christ à
entrer dans ton cœur et dans ta vie **Apocalypse 3 : 20.**
Sache une chose, si tu as fait avec sincérité le tour de ces
Étapes dans la prière, Jésus Christ t'a sauvé tu deviens avec
Foi enfant de Dieu.
Il a été dit ci-dessus avec Foi tu deviens enfant de Dieu :
Avec Fidélité Obéissance, intégrité tu deviens son enfant.
Pour toutes activités de l'Évangile, je suis disponible sur
mon adresse ou numéro

SergeStéphaneh@gmail.com

Ou téléphone : +241 02172479 Libreville-Gabon

Paix et Grâce aux Enfants de Dieu

Deuxième ouvrage révélé par l'esprit pour l'édification du peuple de DIEU par la Maison d'Edition GENERIS PUBLISHING

Ma reconnaissance à :

- MENDOME Léocadie Danielle
- OWONE BIBANG Floem Mael
- EYENGA NZEMBA Symphonie Dynaelle Quéren
- MENDOME NZEMBA Mélodie Bynaelle Esther
- NZAME NZEMBA Nathael Harmony
- NDZE Brice Mach Arthur
- EYENGA Blondine
- OKASSA Famille
- LESHOLDIA FAMILY
- PAPA GABY
- LA CAPEG

www.ingramcontent.com/pod-product-compliance
Lightning Source LLC
Chambersburg PA
CBHW071146180726
48003CB00024B/1274